DESCRIPTION

ET DIVISION

DE L'ALGÉRIE

Imprimerie de A. GUYOT, rue Neuve-des-Mathurins, 18.

DESCRIPTION

ET DIVISION

DE L'ALGÉRIE

PAR

MM. CARETTE ET WARNIER

———————◦———————

LIBRAIRIE DE L. HACHETTE ET Cie

A PARIS	**A ALGER**
RUE PIERRE-SARRAZIN, N° 12	RUE LA MARINE, N° 117
(Quartier de l'École-de-Médecine)	(Librairie centrale de la Méditerranée)

———————•••———————

1847

Cette Notice, rédigée par deux membres de la Commission scientifique de l'Algérie, MM. Carette et Warnier, est extraite du *Tableau de la situation des établissemens français en Algérie* (1844-1845), publié par le ministère de la guerre.

SOMMAIRE.

DESCRIPTION GÉNÉRALE.

DIVISION GÉNÉRALE

Naturelle en deux régions. — Caractères distinctifs des deux RÉGIONS.
Politique en trois provinces. — Caractères distinctifs des trois PROVINCES.

DIVISION PARTIELLE

Des provinces en groupes. — Caractère et condition des GROUPES . . .
- Dynastiques.
- Fédératifs.
- Administratifs.

Des groupes en tribus. — Caractère et condition des TRIBUS ; les différences sont dues à des causes . . . . .

Physiques et politiques.

- Physiques.
  - Tribus sédentaires.
  - Tribus nomades.
  - Tribus mixtes.
  - Tribus métropoles.
  - Tribus colonies. . . .
    - libres.
    - administratives.
      - civiles.
      - militaires.
- Politiques.
  - Tribus religieuses.
  - Tribus laïques.
  - Tribus nobles.
  - Tribus serves.

Des tribus en fractions. — Caractère et condition des FRACTIONS DE TRIBU. — Formation et composition de la tribu.

DOMAINE DE L'ÉTAT.

DESCRIPTION

ET DIVISION

DE L'ALGÉRIE

Description générale.

L'Algérie est bordée au nord par une zône montagneuse qui règne sur une profondeur moyenne d'environ vingt lieues, depuis la frontière de Maroc jusqu'à celle de Tunis.

Cette zône, dont les pentes sont en général assez abruptes, est traversée par les différens cours d'eau qui trouvent leur écoulement dans la méditerranée.

La configuration accidentée de ce massif et le caractère de continuité propre aux diverses chaines qui le composent, déterminent la forme tortueuse des vallées et les anfractuosités profondes qui signalent les principales d'entre elles, celles du Chélif près de Médéa, du Bou-Sellam près de Sétif, du Roumel à Constantine, et de la Seybouse près de Guelma.

Les principales masses qui forment ce large bourrelet méditerranéen sont situées, les unes sur le littoral, les autres sur une seconde ligne tracée à quelque distance de la mer.

Les masses qui bordent le littoral et dominent les vallées basses sont, en marchant de l'est à l'ouest :

Le Ghorra, près de La Calle ;

L'Edough, entre Philippeville et Bône ;

Le Goufi, entre Djidjeli et Kollo ;

Le Babour, entre Djidjeli et Bougie ;

Le Tamgout, entre Alger et Bougie ;

Le Chenoua, près de Cherchell ;

Le Dahra, entre Mostaganem et Tenès ;

Le Karkar, entre Arzeu et Oran ;

Le Mediouna, entre Oran et la Tafna ;

Le Trara, près de Djemâ-Ghazaouat ;

Le Filhaouceu, entre Nedrôma et le Maroc.

Les masses qui s'éloignent du littoral et dominent les vallées hautes sont :

Le Djebel-Beni-Salah, au sud de Bône ;

Le Mahouna, près de Guelma ;

Le Gueriouu, au sud de Constantine ;

Le Bou-Taleb, au sud de Sétif ;

Le Dira, entre Dellis et Bou-Sada ;

Le Djerdjera, qui règne au nord de Hamza, et s'étend jusques vers Bougie ;

Le Mouzaia, qui domine au sud le bassin de la Métidja ;

Le Zakkar, qui s'élève un peu au nord de Miliana, entre le bassin de la Métidja et celui du Chélif ;

L'Ouenseris, qui détermine le large coude du Chélif ;

Le Chareb-er-Rich (lèvre du vent), qui sépare le bassin du Chélif de celui de l'Habra ;

L'Oum-ed-Debban, près de Saïda, entre l'Habra et le Mekerra ;

Le Djebel-Beni-Smiel, situé au sud-est de Tlemcen et qui sépare le bassin supérieur de la Tafna de celui de l'Isser.

Quoique généralement montagneuse et ravinée, la zône du littoral renferme cependant quelques plaines assez étendues ; on signalera comme les principales exceptions de ce genre :

La plaine de Bône,

La plaine de la Métidja ;

La plaine du Chélif ;

La plaine d'Oran.

Au-delà de cette première zône, formée d'une série presque continue de montagnes, la configuration générale du sol prend un caractère tout différent.

De l'est à l'ouest, depuis la frontière de Tunis jusqu'à celle de Maroc, règne une autre zône presque aussi large que la première, formée d'une série d'immenses plaines.

Ici les eaux captives ne trouvent plus d'issue à la Méditerranée ; elles s'écoulent, par des pentes douces, vers de grands lacs salés, appelés *Chott* ou *Sebkha*, qui occupent le fond des plaines.

Le Chélif fait seul exception à cette règle, en ce qu'il traverse à la fois et la zône plane de l'intérieur et le bourrelet montueux du littoral.

Cette série de bassins fermés, larges et plats, en y joignant la vallée supérieure du Chélif, détermine cinq régions que les indigènes désignent par les noms suivans :

1° Les Sbakh ;

2° Le Hodna ;

3° Le Zarez ;

4° Le Sersou ;

5° Les Chott.

La plaine des Sbakh s'étend entre les montagnes d'où sort le Medjerda (rivière de Tunis), et le plateau de la Medjana d'où sort le Bou-Sellam (rivière de Sétif et de Bougie). Elle comprend une série de petits lacs salés adossés aux trois plateaux de la Seybouse, du Roumel et du Bou-Sellam.

Le Hodna est la grande plaine formée par le lac salé de Maila.

Le Zarez est la plaine formée par les deux lacs salés du même nom.

Le Sersou est la plaine traversée par le haut Chélif.

La plaine des Chott est celle que déterminent les deux lacs salés désignés sous les noms de Chott-el-Chergui (Chott de l'est), et Chott-el-Gharbi (Chott de l'ouest), à l'extrémité occidentale de nos possessions.

La seconde zône, quoique formée, en général, de vastes plaines, est cependant traversée par quelques montagnes qui marquent la séparation des bassins. Les principales exceptions de ce genre sont :

Le massif du Bellezma, entre la plaine des Sbakh et celle du Hodna ;

La chaîne de Seba-el-Khider, entre le Zarez, le Sersou et le Hodna ;

La chaîne du Nadour, entre le Sersou et les Chott.

L'horizon de cette vaste région plane est borné au sud par un long rideau de montagnes, tendu encore de la frontière orientale à la frontière occidentale de l'Algérie.

Les principales masses de ce second bourrelet sont :

Le Djebel-Aurès, au sud des Sbakh ;

Le Djebel-Bou-Kahil, au sud du Hodna ;

Le Djebel-Sahari, au sud du Zarez ;

Le Djebel-Amour, au sud du Sersou ;

Le Djebel-Ksan et le Djebel-Roundjaia, au sud des Chott.

La configuration généralement montagneuse de ce second pli offre deux exceptions dignes d'intérêt :

Le large plateau qui couronne l'Aurès;

La grande plaine d'El-Mehaguen, située au pied du Bou-Kahil.

Au sud de ce second bourrelet de montagnes s'étend une seconde zône de plaines.

Cette zône, comme la première, se compose de bassins fermés, au fond desquels règnent de larges lacs de sel.

Les principaux de ces bassins sont :

1° Celui du lac Melghigh, qui borde les versans méridionaux de l'Aurès, du Bou-Kahil, du Djebel-Sahari et du Djebel-Amour;

2° Celui des Oulad-Sidi-Cheikh, dont les eaux descendent des versans méridionaux de la chaîne du Roundjaia et du Djebel-Ksan, et vont aboutir à un vaste lac salé, situé dans le Sahara marocain;

3° Celui d'Ouaregla, auquel appartient l'Ouad-Mzab.

Cette seconde zône de plaines renferme, exceptionnellement encore, quelques massifs de montagnes, parmi lesquels il faut citer :

Les montagnes sablonneuses de l'Ouad-Souf;

Le Djebel-Tala, dans l'Ouad-Righ;

Le Djebel-Mellala, près d'Ouaregla ;

Et enfin le Djebel-Mzab.

Ainsi, au point de vue de la configuration extérieure du sol, l'Algérie se partage, du nord au sud, en quatre zônes sensiblement parallèles à la côte, savoir :

Deux zônes généralement montueuses ;

Deux zônes généralement plates.

Le caractère physique particulier au premier massif consiste en ce que presque toutes ses eaux vont à la Méditerranée.

Le caractère physique particulier au second massif consiste en ce que presque toutes ses eaux restent captives dans l'intérieur, et vont aboutir à des bas-fonds sans issue.

On peut donc appeler la première zône montueuse MASSIF MÉDITERRANÉEN, et la seconde MASSIF INTÉRIEUR.

Le caractère physique particulier à la première zône plate consiste en ce qu'elle est mal pourvue d'eau, inaccessible à la culture et propre seulement au parcours.

Le caractère physique particulier à la seconde zône plate consiste dans l'abondance des eaux souterraines qui se trouvent à peu de profondeur, qui, en certains points, jaillissent du sol par l'opération du forage et donnent naissance aux nombreuses oasis répandues sur la surface de cette contrée.

On peut donc appeler la région des premières plaines ZÔNE DES LANDES, et la région des secondes plaines ZÔNE DES OASIS.

Toutefois, il ne faut point attacher à ces mots un sens trop absolu. La zône des landes contient quelques espaces accessibles à la culture, et la zône des oasis contient de vastes espaces couverts de landes.

Ainsi, la configuration générale de l'Algérie présente l'aspect de deux larges sillons, qui la traversent de l'est à l'ouest sur toute sa longueur ; le massif méditerranéen et le massif intérieur en forment les parties saillantes ; la zône des landes et celle des oasis en forment les parties creuses.

Division naturelle en deux régions.

Cette configuration de l'Algérie et la distribution des eaux sur le sol, combinées avec l'influence des latitudes, avec les besoins des populations, déterminent la division de cette contrée en deux parties, le Tell, région des céréales, et le Sahara, région des palmiers.

Cette division étant aujourd'hui bien connue, il devient inutile de s'y arrêter.

Toutefois, ce partage présente, dans l'est et dans l'ouest, des inégalités que l'on doit signaler.

Le massif méditerranéen appartient exclusivement au Tell.

La zône des oasis appartient exclusivement au Sahara.

Les deux bandes intermédiaires, savoir : la zône des landes et le massif intérieur offrant, à raison même de leur situation, un caractère moins décidé, rentrent en partie dans la région du Tell, et en partie dans la région du Sahara.

Dans l'est, la zône des landes et le massif intérieur appartiennent au Tell.

Dans l'ouest, ils appartiennent au Sahara.

Ainsi la région du Tell ou des céréales, celle qui a le plus d'analogie avec le régime de nos contrées, occupe une place beaucoup plus étendue dans l'est que dans l'ouest.

Le Sahara est limité au sud par une ligne d'oasis qui forme la limite naturelle de l'Algérie.

Au-delà commence le désert, dont les sables baignent, au sud, le pied de la zône saharienne, comme les eaux de la mer baignent, au nord, le pied du massif méditerranéen.

Division politique en trois provinces.

L'ensemble des quatre bandes longitudinales, alternativement planes et montueuses, qui résument la configuration orographique de l'Algérie et des deux régions qui correspondent au double régime de culture, est coupé transversalement par des lignes qui en déterminent la division politique.

Ces lignes partagent l'Algérie en trois provinces, que l'usage a fait désigner par le nom des trois chefs-lieux.

Comme l'ensemble, chaque province comprend à la fois deux massifs montueux et deux zônes planes, une portion du Tell, et une portion du Sahara.

La division en provinces ne repose pas sur l'état physique du sol; elle est indiquée par l'état moral de la population.

Dans la province d'Oran, l'autorité est surtout théocratique.

Dans la province de Constantine, elle est surtout aristocratique.

Dans la province d'Oran, l'influence et le pouvoir appartiennent héréditairement à des familles religieuses.

Dans la province de Constantine, le pouvoir et l'influence appartiennent héréditairement à des familles laïques.

Placée entre les deux, la province d'Alger participe à la fois de l'une et de l'autre nature;

En certain points de cette province, surtout dans la partie occidentale, l'autorité procède du principe théocratique.

En d'autres points, surtout dans la partie méridionale, elle procède du principe aristocratique.

Enfin, en quelques points, surtout dans la partie septentrionale (Kabilie), elle procède de principe démocratique, de l'élection.

On comprend que l'exercice des droits résultant de la différence des constitutions locales, est subordonné à l'exercice d'un droit général supérieur, celui de l'État.

Sous le gouvernement turc, l'exercice de ce droit supérieur offrait, eu égard au génie particulier des peuples, les particularités suivantes :

Chez les peuples soumis au régime démocratique, il était méconnu.

Chez les peuples soumis au régime théocratique, il était contesté.

Chez les peuples soumis au régime aristocratique, il était reconnu.

On sait que l'établissement de la domination française rencontre les mêmes difficultés et les mêmes circonstances.

Ainsi la division transversale de l'Algérie en trois provinces repose sur des différences politiques, tandis que la division longitudinale, soit en deux zônes planes et deux massifs montueux, soit en deux régions, Tell et Sahara, repose sur des différences géographiques ; celle-ci tient à la nature du sol, celle-là au caractère des populations.

Cependant, les deux partages ne sont pas tellement indépendans l'un de l'autre que la division géographique n'influe sur la division politique.

En effet, la zône des landes, comprise entre les deux massifs montueux, est *parcourue,* en partie par les tribus qui *habitent* les pentes méridionales du massif méditerranéen, et en partie par les tribus qui *habitent* les pentes septentrionales du massif intérieur.

Chaque tribu *parcourt,* en général, l'espace contigu au territoire qu'elle *habite.*

Ainsi une ligne de partage, tracée transversalement depuis la mer jusqu'aux limites du massif méditerranéen, détermine une division correspondante dans la zône des landes :

Et une ligne de partage, tracée transversalement dans la zône des landes, détermine une division correspondante dans le massif intérieur.

Cela résulte de la relation qui existe entre les terres d'habitation et les terres de parcours.

Mais les rapports entre les deux zônes extrêmes, entre le massif méditerranéen et la zône des oasis, sont d'une nature encore plus intime.

C'est le massif méditerranéen qui nourrit la zône des oasis.

On connaît aujourd'hui le phénomène périodique de migration particulier à la double population de l'Algérie.

Chaque année, au printemps, les tribus de la zône des oasis abandonnent leur patrie saharienne, franchissent le massif intérieur, la zône des landes, et viennent s'établir, avec tout le mobilier de la vie nomade, vers les limites méridionales du massif méditerranéen.

Elles y demeurent pendant tout l'été, vendant leur récolte de dattes et achetant la récolte de blé.

Les lieux de séjour sont presque invariables ; à part quelques rares exceptions, chaque année, la même époque retrouve les mêmes tribus campées aux mêmes lieux.

Les transactions nombreuses qui s'accomplissent durant cette période de l'année, et qui intéressent à la fois toute la population de l'Algérie, se concentrent sur certains points qui réunissent alors dans un mouvement de fusion commerciale les deux zônes extrêmes de nos possessions.

Dans ce mouvement d'échange, chacun des marchés consacrés à ces transactions appelle à lui un certain nombre de tribus appartenant au massif méditerranéen, et un certain nombre de tribus appartenant à la zône des oasis.

Il se forme alors divers faisceaux d'intérêts, dont les fils, partant les uns du Nord, les autres du Sud, viennent converger et se réunir en certains points fixes.

L'ordre administratif, aussi bien que l'intérêt politique, font un devoir de respecter, dans la division territoriale, l'existence et l'intégrité de ces faisceaux.

Il résulte de ce qui précède qu'une division tracée transversalement dans le massif méditerranéen détermine une division correspondante, non seulement dans la zône des landes et dans le massif intérieur, mais plus rigoureusement encore dans la zône des oasis.

On voit donc que le partage politique de l'Algérie en provinces se lie encore assez étroitement au partage naturel en zônes ou régions longitudinales, et que ce partage repose sur les deux données fondamentales suivantes :

1° Différence des intérêts et des inclinations politiques entre les populations de l'Est et de l'Ouest ;

2° Solidarité des intérêts et des besoins matériels entre les populations du Nord et du Sud.

Division des provinces en groupes.

Pour donner une idée plus claire de la manière dont la population de l'Algérie se trouve distribuée sur le sol, nous désignons par le nom de *groupes* les diverses agglomérations de tribus réunies par un lien commun.

Les variétés assez nombreuses que présentent ces liens d'union ont déterminé à employer une expression qui se bornât à en constater l'existence sans en caractériser la nature.

Toutefois, la plupart de ces groupes peuvent se répartir dans trois catégories qui se distinguent par les caractères suivans :

1° Dynastique ;

2° Fédératif ;

3° Administratif.

Groupes dynastiques.—Dans les groupes dynastiques, toutes les tribus relèvent d'une famille suzeraine, qui les gouverne héréditairement. C'est à cette famille que tous les intérêts se rattachent, c'est en elle qu'ils se concentrent.

Ce caractère est particulier à la province de Constantine, où huit groupes dynastiques ou cheibkats héréditaires occupent presque la moitié du territoire. Ce sont :

1° La Medjana ;

2° Le Ksar-et-Teïr ;

3° Le Bellezma ;

4° Le Ferdjioua ;

5° Le Zouagha ;

6° Le Ziban ;

7° L'Aurès ;

8° L'Ouad-Righ.

Le Zerdèza et les Hanencha étaient aussi originairement des groupes dynastiques ; mais plus on avance vers l'Est, plus l'influence supérieure du gouvernement se fait sentir. Aussi les Turcs, dans les derniers temps de leur domination, avaient-ils beaucoup amoindri la puissance de ces deux cheikhs héréditaires, en plaçant à côté d'eux un chef du Mahzen.

Les familles en possession de ces différens fiefs ont successivement reconnu la domination française, et avec elles toutes les tribus de leur dépendance.

Groupes fédératifs. — Les groupes fédératifs diffèrent des premiers en ce que le pacte d'union, au lieu d'attacher toutes les tribus à une seule famille, attache toutes les familles *entre elles et les* rassemble en une seule tribu : en ce qu'il substitue au lien d'une dépendance commune celui de la solidarité mutuelle.

Ce caractère est particulier à la province d'Oran, où chaque groupe, renfermant en lui les élémens d'une organisation complète, forme en quelque sorte une petite nation.

Tel est le groupe des Flita, qui se compose de trois tribus, savoir :

Au centre, les Cherfa-Flita, ou le clergé;

Au nord, les Douair-Flita, ou l'armée;

Au sud, les Eshab-Flita, ou le peuple,

trois élémens constitutifs d'une société partagée entre le souci de la prière et celui du combat.

Dans ces associations, la voix prépondérante appartient au clergé. C'est ce qui assigne avant tout à l'autorité le caractère théocratique dont il a déjà été fait mention.

On retrouve une constitution analogue dans la tribu des Harakta (province de Constantine); mais ici, comme cela arrive généralement dans l'Est, la noblesse religieuse fait défaut.

Dans la province d'Alger, le seul groupe fédératif est celui de la Kabilie, dont la constitution est démocratique.

Groupes administratifs. — Les groupes administratifs sont ceux dont la formation se rattache directement à l'autorité politique supérieure, celle de l'Etat; c'est le caractère général des groupes de la province d'Alger, dans laquelle onze circonscriptions administratives, instituées par le gouvernement turk et consacrées par la sanction populaire occupent la plus grande partie du territoire.

Ces circonscriptions sont les suivantes :

1° Fahs, ou banlieue d'Alger ;

2° Sebt ;

3° Beni-Khelil ;

4° Beni-Mouça ;

5° Khachna ;

6° Isser ;

7° Sebaó ;

8° Beni-Sliman et Beni-Khelifa ;

9° Beni-Djaâd ;

10° Arib ;

11° Titri.

Les dix premières circonscriptions étaient administrées par des kaïds, la onzième par un bey.

La province de Constantine renferme elle-même un nombre assez considérable de circonscriptions qui relèvent directement de l'Etat. Tels sont :

Les Amer-Gharaba, à Sétif;

Les Hel-Chefa ;

Les Elma de Bazer ;

Les Oulad-Kebbab et les Ghomrian;

Les Oulad-Abd-en-Nour ;

Les Telaghma ;

Les Barrania ;

Les Zmoul ;

Les Segnia ;

Les Sellaoua ;

Les Harakta ;

Les Dir ;

Les Hanencha.

Ces différens groupes, qui existaient sous l'administration turke, ont été conservés par le gouvernement français.

Ce dernier a lui-même institué des circonscriptions administratives nouvelles reconnues par les indigènes ; tels sont les cercles

De Bône,

De l'Edough,

De La Calle,

De Guelma.

La province d'Oran offre aussi des exemples de groupes administratifs dans les tribus qui constituaient, sous le gouvernement turk, le double Makhzen d'Oran, telles que les Douair, Zmala, Abid-Gharaba et Cheraga, Bordjia et quelques tribus de la vallée du Chelif.

A côté de ces groupes, dont le caractère se dessine nettement, il en est d'autres dans les trois provinces qui présentent un caractère mixte ou indécis. En résumé :

Le caractère dynastique appartient surtout aux groupes de la province de Constantine.

Le caractère fédératif aux groupes de la province d'Oran.

Le caractère administratif aux groupes de la province d'Alger.

Ce dernier caractère se remarque encore fréquemment dans la province de Constantine.

Division des groupes en tribus.

Différences dans la condition des tribus.—Il existe des différences considérables dans la condition des tribus qui composent les divers groupes. Les causes qui donnent lieu à ces différences sont de trois sortes :

1° Physiques ;

2° Physiques et politiques ;

3° Politiques.

Différences dues à des causes physiques. — La position que les tribus occupent sur le sol et les conditions physiques où elles sont placées les partagent en trois catégories, savoir :

1° Les tribus sédentaires ;

2° Les tribus nomades ;

3° Les tribus mixtes.

TRIBUS SÉDENTAIRES.

Les tribus sédentaires sont, en général, celles qui habitent, cultivent et parcourent le même territoire. Dans cette catégorie figurent la plus grande partie des tribus du massif méditerranéen.

Les unes habitent des villes et des villages, et produisent, en général, des fruits. Telles sont, dans la province de Constantine, les tribus du Sahel de Kollo, de Djidjeli et de Bougie ;

Dans la province d'Alger, la Kabilie et les tribus qui habitent les montagnes des Beni-Mouça, des Beni-Khelil et du Sebt ;

Dans la province d'Oran, les tribus comprises dans la partie du massif, voisine du littoral.

Les autres habitent sous la tente, et produisent plus spécialement des céréales.

Telles sont, en général, les tribus situées dans la région supérieure des vallées qui traversent le massif.

Ces tribus, quoique habitant sous la tente, appartiennent à la classe des populations sédentaires, parce que les divers mouvemens qu'elles exécutent ne les portent jamais au-delà d'un périmètre déterminé, qui comprend à la fois les terres d'habitation, de culture et de pâturage.

Le massif intérieur renferme encore un certain nombre de tribus sédentaires. La plupart des tribus de l'Aurès sont dans ce cas ; les unes habitent des villages et cultivent des fruits ; les autres habitent sous la tente et cultivent des céréales.

La zône des oasis offre elle-même un grand nombre d'exemples du régime sédentaire. En première ligne figure la population des

villes et villages du Sahara. On peut même ranger dans cette catégorie un certain nombre de tribus campées sous la tente, qui, sans
avoir un territoire bien nettement défini, empruntent leur caractère de stabilité à l'habitude où elles sont de demeurer dans le voisinage de certaines villes sahariennes, dont elles deviennent comme
les faubourgs ; ces tribus ont toujours, dans la ville, des propriétés qui les y attachent ; elles y apportent chaque jour les denrées
nécessaires à la consommation. Enfin, et c'est là ce qui les place
surtout dans la classe des tribus sédentaires, elles ne participent
pas au mouvement de migration dans le Tell, qui forme le caractère principal des tribus nomades.

Telle est, dans l'oasis du Ziban, la tribu des Oulad-Nâcer, cam-
pée en partie autour du village de Bouchagroun, et en partie autour de la petite ville de Tolga.

Telles sont encore, dans l'oasis de l'Ouad-Mzab :

La tribu des Oulad-Atia, qui'ne s'éloigne pas du village d'El-Atof;

La tribu des Atatcha, qui ne s'éloigne pas de la ville d'El-
Guerara ;

La tribu des Oulad-Iahia, qui ne s'éloigne pas de la ville de Ber-
riian.

Ainsi les tribus sédentaires offrent trois nuances différentes, savoir:

1° Celles qui, habitant sous le chaume, sous la tuile ou sous la
terrasse, ne se déplacent jamais (vallées inférieures du massif méditerranéen et zône des oasis);

2° Celles qui, habitant sous la tente, se meuvent entre des limites
fixes (vallées supérieures du massif méditerranéen) ;

3° Celles qui, habitant sous la tente, se meuvent autour de points
fixes (zône des oasis).

TRIBUS NOMADES ET TRIBUS MIXTES:

Il n'existe pas en Algérie de tribus errantes dans le sens absolu
de ce mot. Les tribus les plus mobiles obéissent, dans leurs mou-

vemens, à certaines lois, qui limitent d'une manière presque invariable le champ de l'habitation, de la culture et du parcours.

Ces lois résultent elles-mêmes de la nature du climat et du sol, de l'extrême régularité qui préside au retour des saisons, de l'extrême inégalité qui préside aux partage des eaux.

Pendant une moitié de l'année, l'Algérie ressemble à une vaste pelouse verte et arrosée.

Pendant l'autre moitié, elle se partage en deux larges bandes verdoyantes et en deux larges bandes jaunes et arides.

Les deux premières sont le massif méditerranéen et le massif intérieur ; les deux autres sont la zône des landes et celle des oasis.

Pendant les six mois de verdure, les tribus des oasis se répandent avec leurs troupeaux dans les landes limitrophes. Les tribus des pentes méridionales du massif méditerranéen descendent dans la partie septentrionale de la zône des landes. Les tribus du massif intérieur, descendent, les unes dans la partie méridionale de la zône des landes, les autres, dans la partie septentrionale de la zône des oasis.

Pendant les six mois de sécheresse, les tribus du massif méditerranéen et du massif intérieur regagnent leurs montagnes. Les tribus des oasis exécutent leur mouvement de migration lointaine. Elles abandonnent la zône des oasis, et vont chercher dans les hautes plaines du massif méditerranéen, de l'eau, des blés, et des pâturages.

Pendant la première période, la population de l'Algérie se disperse sur toute sa surface.

Pendant la seconde période, elle se concentre dans les deux massifs montueux et dans les terres cultivables des oasis.

Parmi toutes les tribus soumises à des déplacemens considérables, il n'en est aucune qui soit sans patrie : chacune a sa patrie d'hiver et sa patrie d'été. Elles obéissent à un mouvement régulier d'oscillation, qui, aux mêmes époques, les ramène sur les mêmes points. Toutefois, l'étendue de l'oscillation les partage en deux classes distinctes.

Pour les unes, la patrie d'été et la patrie d'hiver sont séparées par de vastes espaces : ce sont les *tribus nomades*.

Pour les autres, la patrie d'hiver et la patrie d'été sont contiguës : ce sont les *tribus mixtes*.

La plus grande partie des tribus comprises dans la zône des oasis appartiennent à la première classe.

La plus grande partie des tribus comprises, soit dans les parties méridionales du massif méditerranéen, soit dans le massif intérieur, appartiennent à la seconde.

Indépendamment de la régularité qui préside à leurs mouvemens et fixe leur orbite annuelle, les tribus nomades tiennent encore au sol par d'autres liens.

Dans plusieurs villes du Sahara, elles ont des propriétés considérables garanties par des titres ; dans d'autres, des dépôts de marchandises qui s'élèvent souvent à une assez grande valeur. Pendant la durée de la pérégrination, ces biens restent confiés à la garde d'un dépositaire ou aux soins d'un métayer.

Parmi les tribus nomades, il en est une seule peut-être qui n'ait point de propriétés immobilières à titre incommutable, c'est celle des Oulad-Saci, qui appartient à la fois au groupe des Oulad-Naïl par l'origine et à l'oasis du Ziban par les habitudes.

Quoique plusieurs de ces tribus, dans le cours de leur mouvement périodique, aient l'habitude de passer d'une oasis à l'autre et de s'arrêter dans chacune d'elles, il ne peut y avoir de doute dans la détermination de leur résidence normale. Elle est là où elles ont le plus de propriétés et où elles déposent habituellement leurs marchandises. C'est d'après cette règle que les tribus nomades ont été placées sur la carte générale dressée par les auteurs de cette notice. Ainsi les tribus nomades présentent les particularités suivantes ; elles ont :

1° Des propriétés immobilières et foncières, et des dépôts de marchandises dans les villes du Sahara ;

2° Des terres de séjour temporaire auprès de ces villes ;

3° Des terres de parcours temporaire dans les landes annexes de l'oasis ;

4° Un lieu de séjour temporaire, situé à une grande distance de leur résidence normale dans le massif méditerranéen.

Les tribus mixtes, celles pour qui les terres de culture et les terres de parcours sont voisines ou contiguës, bordent, en général, au Nord et au Sud, la zône des landes, et au Nord, celle des oasis. Elles ont quelquefois des propriétés dans la montagne qu'elles habitent ; elles y ont toujours leurs lieux de dépôt.

Parmi celles qui bordent au Nord la zône des landes, on citera :

Dans la province de Constantine, les Zmoul et les Segnia, une partie des Oulad-Derradj ;

Dans la province d'Alger, les Oulad-Sidi-Aïça, les Oulad-Abd-Allah, les Oulad-Mokhtar ;

Dans la province d'Oran, les Sdama, les Iagoubia, les Djafra, les Angad.

Parmi celles qui bordent au Sud la zône des landes, on citera :

Dans la province de Constantine, une partie des Nememcha, les Beni-Oudjana, les Harakta du Mâder, une partie des Oulâd-Derrâdj ;

Dans la province d'Alger, les Oulad-Chaïb, les Bouaïch, les Mgân et les Adjalât ;

Dans la province d'Oran, les Harar et les Hameian.

Parmi celles qui bordent au Nord la zône des oasis, on citera :

Dans la province de Constantine, une partie des Nememcha ;

Dans la province d'Alger, une partie des Oulad-Naïl et des tribus du Djebel-Amour ;

Dans la province d'Oran, les tribus méridionales d'El-Arouat-Ksan et les Oulad-Sidi-Cheikh.

Différences dues à des causes physiques et politiques. — Indépendamment du phénomène des migrations périodiques qui résulte exclusivement de la nature du climat et du sol, et forme le caractère principal de l'Algérie, cette contrée offre un grand nombre d'exemple d'autres migrations dues à des causes en partie physiques et en partie politiques, et qui ont donné lieu à des établissemens permanens.

Quelquefois l'origine de ces déplacemens de tribus ne se révèle par aucun indice extérieur; la tradition seule en conserve le souvenir. Mais souvent aussi elle se manifeste par un signe facile à reconnaître, l'identité des noms.

Il se rencontre fréquemment des tribus de même nom séparées par de grandes distances. Ces tribus reconnaissent presque toujours une origine commune ; une d'elles est la métropole, les autres sont des colonies.

Quoiqu'il existe des déplacemens de ce genre sur toute la surface de l'Algérie, cependant ils se produisent plus fréquemment dans l'Est que dans l'Ouest.

La formation de ces colonies remonte à des époques plus ou moins éloignées; elle est due à des circonstances de natures diverses.

Les unes se sont établies librement sans l'intervention du pouvoir supérieur, souvent même sur des portions du territoire qui échappaient à son action.

Les autres, au contraire, ont été fondées par le gouvernement turc en vue d'un intérêt administratif ou politique.

Il y a donc lieu de reconnaître deux classes de colonies, savoir :
Les colonies libres, les colonies administratives.

COLONIES LIBRES.

Les colonies libres conservent presque toujours, avec le nom de la tribu-métropole, la trace de leur origine; mais la cause qui a déterminé quelques familles à s'éloigner du sol natal n'est pas toujours facile à retrouver.

Tantôt c'est la discorde, tantôt c'est la misère ; il y a d'autres causes encore.

C'est en général la discorde qui transplante quelques parties de tribus, soit du Sahara dans le Tell, soit du Tell dans le Sahara, soit d'une oasis à l'autre dans le Sahara, soit d'une vallée à l'autre dans le Tell.

C'est en général la misère qui transporte quelques parties de tribus des pentes abruptes et rocheuses de la montagne, soit dans les riches vallées du Tell, soit dans les oasis du Sahara.

Les exemples de colonies libres formées dans ces diverses circonstances sont nombreux.

Dans la province de Constantine, presque toutes les tribus qui habitent la partie du massif méditerranéen voisine de la mer ont des colonies dans la partie supérieure des vallées. Ces colonies doivent leur formation à de pauvres gens qui, ne trouvant pas d'ouvrage dans les montagnes, émigrèrent à diverses époques, et allèrent, dans les plaines, louer leurs bras aux tribus riches qui les habitaient. Amassés avec économie, les faibles produits de ce travail leur permirent de devenir propriétaires ; ils appelèrent alors autour d'eux toutes les émigrations du pays natal, et fondèrent, sous le nom patronymique de la métropole, de nouvelles tribus.

C'est ainsi que les Oulad-Aïça, qui habitent le cap Seba-Rous au pied du Djebel-Goufi, ont une colonie dans la vallée de l'Ouad-el-Guebli (rivière de Kollo).

C'est ainsi que les Oulad-Atia, situés aussi au cap Seba-Rous, ont une colonie considérable sur la route de Philippeville à Constantine dans la vallée supérieure du Safsaf, une autre sur l'Ouad-Ziad et une troisième à Aïn-Morkha ; ces deux dernières sont contiguës au lac Fzara, près de Bône.

Le cercle de Guelma est lui-même une agglomération de tribus-colonies, venues, les unes du Nord, les autres du Sud ; les unes des environs de Djidjeli, dans le massif méditerranéen, les autres des pentes de l'Aurès, dans le massif intérieur. Aussi les noms des principales tribus de ces deux contrées se retrouvent-ils dans le cercle de Guelma ; tels sont, pour l'Aurès, les Beni-Oudjana, les Achêch, etc. ; pour les environs de Djidjelli, les Beni-Foughal, les Beni-Kaïd, les Beni-Ahmed, les Beni-Hacen, etc.

On doit ranger encore dans la classe des colonies libres, quoique son installation ait été favorisée par les Turcs, la riche tribu des Harakta, établie sur le plateau qui renferme les sources de la Seybouse. Cette tribu tire son origine des Harakta du Mâder, situées à l'Est, au pied des versans septentrionaux du massif intérieur. Le territoire, occupé en ce moment par la tribu-colonie, appartenait antérieurement à trois tribus, les Oulad-Daoud, les Oulad-Ali-ben-Iahia et les Oulad-Mtalla. Les deux premières sont demeurées comme tribus annexes des Harakta ; la troisième, qui était la plus considérable , a été dispersée, de sorte que son nom n'existe même plus.

Un des déplacemens les plus remarquables, autant par l'étendue de la migration que par les circonstances qui l'ont accompagnée, est celui des Arib, dont la métropole occupe, par le 28ᵉ degré de latitude, la partie la plus méridionale du Sahara marocain. A une époque qu'il serait difficile de préciser, des dissentions intestines forcèrent une partie de cette tribu de s'éloigner du sol natal. Elle s'avança alors vers le nord-est et vint s'établir sur les confins du Sahara algérien ; là de nouvelles contestations avec les tribus voisines déterminèrent un nouveau mouvement vers le nord, et la colonie des Arib arriva ainsi dans le Hodna ; puis elle passa dans le massif méditerranéen et vint s'établir, par suite d'un arrangement avec les tribus qu'elle déplaçait, dans la vallée supérieure de l'Ouad-Akbou (rivière de Bougie). L'occupation française occasionna encore un mouvement dans la tribu des Arib, dont une partie vint s'établir auprès de la Maison-Carrée. C'est ainsi que, par une suite de vicissitudes et de déplacemens, la tribu la plus reculée du Sahara marocain se trouve avoir une colonie sur la côte algérienne.

Alger lui-même, le chef-lieu de nos possessions, est une colonie d'origine kabile; mais les Beni-Mezghanna, ses fondateurs, ont disparu dans les guerres nombreuses qui ont agité le pays depuis trois siècles; cependant, ils ont laissé leur nom à la montagne qu'ils habitaient dans la partie supérieure du cours de l'Isser. La ville avec les îlots qui lui font face, ilots dont le principal forme la tête de la jetée Khaïr-ed-Din, fut appelée Djezaïr-Beni-Mezghanna (les îles des Beni-Mezghanna), et, par abréviation, El-Djezaïr. Plus tard, ce nom fut altéré; les indigènes n'en conservèrent que la dernière partie et appelèrent la capitale barbaresque Dzaïr ; les Européens, au contraire, conservèrent les premières syllabes et l'appelèrent Alger, de sorte que l'ensemble des deux noms, *Alger*, *Dzaïr*, donnés aujourd'hui à la cité mauresque par les deux populations qui l'habitent, reconstitue le nom primitif *Eldje-zaïr*.

La province d'Oran présente en général moins de traces de déplacement que les deux autres.

Cependant on en retrouve encore quelques-unes : ainsi les Hameïan, établis près d'Arzeu, sont une colonie des Hameïan, situés au pied des versans septentrionaux du massif intérieur. Les Beni-Matar, établis sur le territoire des Douair, viennent des Angad. La tribu d'El-Arouat, qui fait partie du groupe des Beni-Amer, est une colonie d'El-Arouat dans le Sahara. La tribu des Sahari, établie entre l'Hilhil et la Mina, est encore une colonie venue originairement du Djebel-Sahari. La tribu Angad du Tell reconnaît comme métropole la tribu Angad du Sahara. Les Oulad-Atia et les Beni-Mengouch-Thata, situés à l'extrême frontière de l'Algérie, au point où commence la côte du Maroc, sont deux colonies des Beni-Snacen, tribu du Maroc. Les Cristellia, situés sur la côte entre Oran et Arzeu, et Betioua, sont des colonies kabiles venues du Maroc.

COLONIES ADMINISTRATIVES.

On entend ici par *colonies administratives* les colonies indigènes fondées par les Turcs pour les besoins de leur gouvernement ou de leur domination.

Elles sont de deux sortes :

Civiles,

Militaires.

COLONIES ADMINISTRATIVES CIVILES.

Les colonies civiles ont pris naisssance par suite de concessions faites, sur les terres du domaine, à certaines tribus qui les exploitaient à titre de fermières, moyennant une double redevance en numéraire et en nature.

Ce fait se présente principalement dans la province de Constantine ; partout ailleurs les colonies administratives avaient un caractère presque exclusivement militaire.

Voici quelques-unes de ces colonies fermières enclavées dans le vaste réseau des propriétés domaniales, dans la carte dressée par les auteurs de cette notice :

Les Amer-Cheraga, au sud-est de Constantine, originaires des Amer-Gharaga de Setif ;

Les Drid-Chettaïa, à côté des précédens, originaires
Les Drid de Sômâ, un peu à l'est de Constantine, des Drid-Oua-
Les Drid près de Bône au sud-sud-est. bra du Ziban ;

Les Gherazla-Cheraga, à l'est-nord-est de Constantine, originaires des Gherazla-Gharaba, dans la Medjana ;

Les Elma-Sferdjla, près du camp d'El-Harrouch, originaires des Elma de Bazer, au sud-est de Sétif ;

Les Beni-Mestina, situés à quelques lieues au nord de Constantine, originaires des Beni-Mestina, situés dans le groupe de Khachna, à l'est d'Alger.

COLONIES ADMINISTRATIVES MILITAIRES.

Les Turcs, privés de l'assistance pécuniaire du gouvernement métropolitain, privés de l'appui qu'ils auraient pu trouver dans une population coloniale turque ; réduits à une armée assez faible, qu'ils n'avaient pas d'intérêt à augmenter, parce qu'il fallait la payer, les Turcs avaient dû chercher dans le sol et la population indigène les moyens de faire face aux charges de leur gouvernement et aux besoins de leur domination.

C'est par des colonies militaires, dont ils empruntaient les élémens au pays lui-même, qu'ils avaient pourvu aux diverses nécessités de leur établissement.

Sous des noms différens, ces colonies avaient à peu près la même constitution et concouraient au même but.

C'est par elles que nos devanciers, dans l'impossibilité de concentrer des forces nationales considérables sur tous les points d'occupation, étaient parvevus à disperser leur armée sans l'affaiblir.

Suivant leur origine, leur nature, leur rôle spécial, ces colonies s'appelaient Zmala et Zmoul, Daïra et Douaïr, Abid, Mkahliia, Azara ; souvent aussi elles portaient simplement le nom de la tribu qui en avait fourni le noyau. Tels étaient les Sahari, sur l'Hilbil ; les Gherazla-Gharaba, à Aïn-Turk ; les Açamnia, à Sétif ; les Hachem, à Bordj-Bou-Ariridj.

Les Zmala (au pluriel Zmoul), les Daïra (au pluriel Douaïr), étaient formés de familles empruntées à diverses tribus qui venaient s'établir sur des terres appartenant au domaine, soit par droit de confiscation, soit par droit de vacance.

Les colonies Abid (nègres) étaient ainsi appelées parce qu'elles avaient été composées primitivement de nègres affranchis.

Les Mkahlia (fusiliers) avaient en général la même origine que les Daïra et les Zmala ; il en était de même des Azara.

Ces tribus administratives réunissaient le caractère agricole et le caractèe militaire ; avec la terre et les instrumens de travail, le colon recevait des armes et un cheval. Ces divers objets étaient donnés à titre d'avances, que le colon devait rembourser sur les premiers produits de son travail.

Ils étaient établis presque toujours autour d'un bordj ou fortin commandé par un kaïd turc et occupé par une petite garnison turque. A la voix du kaïd, les colons devaient prendre les armes et marcher.

Attachées à la population par leur origine et leurs habitudes, au gouvernement par les services qu'elles lui rendaient et les priviléges qui leur étaient accordés, ces colonie<s> militaires favorisaient l'action de l'autorité centrale sur toutes les classes de la population.

Le garnisaire turc n'était que soldat.

Le colon arabe était à la fois paysan et gendarme.

Il est facile d'apprécier les avantages réciproques que le colon et l'Etat trouvaient dans cette institution.

Le colon recevait la terre et les instrumens de travail ; il était exempté de la contribution en espèces, représentative du loyer de la terre, et n'était assujetti qu'à la redevance en nature, signe de la dépendance. Il jouissait, pour lui et sa famille, d'une grande sécurité, et acquérait même sur les tribus une certaine influence, inhérente aux fonctions qu'il remplissait. Il avait encore quelques priviléges accessoires, dont plusieurs se traduisaient en indemnités pécuniaires payées par les tribus.

Tels étaient les avantages assurés aux colons. Voici maintenant ceux de l'Etat :

Moyennant la concession de la terre, qui non-seulement ne lui coûtait rien, mais lui rendait encore la dîme des produits, il disposait d'une gendarmerie nombreuse, mobile, aguerrie, qui maintenait l'ordre sur tous les points du territoire et assurait l'exercice de la justice et la perception de l'impôt.

Outre les colonies formées d'élémens indigènes, il en existait quelques-unes composées de Kouloughlis, nés des alliances contractées par les Turcs dans le pays. Le plus remarquable de ces établissemens était celui des Zouatna, fondé sur les deux rives de l'Ouad-ez-Zitoun, au sud-est d'Alger, entre le groupe de Khachna et celui des Beni-Djaad.

Ces colonies indigènes étaient établies, soit sur les principaux marchés, soit sur les communications importantes. Souvent elles réunissaient à la fois ces deux conditions.

Toute l'organisation de la province d'Alger sous les Turcs reposait sur le principe des colonies militaires arabes.

Il en existait dans les kaïdats :

De Sebaô ;

De Bou-Rni ;

Des Isser ;

De Khachna ;

Des Beni-Djaâd ;

Des Beni-Sliman ;

Du Sebt ;

Des Arib ;

Dans le beylik de Titri.

Ces colonies étaient toutes établies sur le principal marché de chaque district.

Il existait encore des colonies militaires arabes échelonnées,

1° Sur la route d'Alger à Oran ; c'étaient :

Bou-Halouan près de Miliana ;

Les Oulad-Sahari au pont du Chélif ;

Les Beni-Iahia, sur l'Ouad-Rouina ;

La Zmala d'Hadji-el-Baghdadi, sur l'Ouad-el-Fodda ;

Deux Zmala, au confluent de l'Ouad-Isli ;

Les Azara et la Zmala de Hadj-el-Medda, au confluent de l'Ouad-Riou ;

Deux Zmala, au confluent du Chélif et de la Mina ;

Les Mkahlia, sur la Mina ;

Les Sahari, sur l'Hilhil.

2° Sur la route d'Alger à Constantine, les principales étaient :

Les Zouâtna, sur l'Ouad-ez-Zitoun ;

Les Harchaoua à Ben-Haroun, sur l'Ouad-Souflat, affluent de l'Isser;

Celle des Arib, sur l'Ouad-el-Akal ;

Les Hachem à Bord-Bou-Ariridj ;

Les Gherazla-Gharaba, à Aïn-Turk ;

Les Açamnia, colonie de Kouloughlis, à Sétif ;

La Daïra de l'Ouad-ed-Deheb ;

La Daïra de l'Ouad-Bou-Slah ;

La Daïra-Sraouia.

3° Sur la route de Constantine à Philippeville on trouvait :

La colonie des Oulad-Braham, au camp de Smendou ;

Celle des Maouia, à Skikda (Philippeville).

4° Sur la route de Constantine à Bône on trouvait la Daïra-Zenatia.

5° Sur la route de Constantine à Tunis, la Zmala de Men-Mrad.

6° Sur la route d'Alger à Bougie, on avait échelonné les colonies militaires de Khachna, d'Oum-Ménaïl chez les Isser, et des Amraoua. Mais l'accomplissement du projet de communication entre les deux villes, poursuivi jusqu'aux deux tiers de la route, avait été interrompu par la résistance des Kabiles.

7° Sur la route d'Oran à Mascara, on trouvait :

Les Khaznadjia, dans la plaine du Tlétat ;

Les Oukla, dans la forêt de Moulei-Ismaël ;

Les Feraga, sur le Sig ;

Une autre colonie du même nom, sur l'Ouad-el-Hammam.

8° Enfin, sur la route au Sud de Médéa, on trouvait encore la double colonie des Abid et des Douaïr, et sur la route au sud de Constantine, celles de Zmoul.

Différences dues à des causes politiques. — Il reste à parler d'un troisième ordre de rapports qui, sans se rattacher directement à la position que les tribus occupent sur le sol, n'en tiennent pas moins une place importante dans la physiologie sociale de l'Algérie. Ces rapports sont ceux qui puisent leur source dans les croyances ou dans les préjugés populaires ; ils déterminent quatre catégories nouvelles, savoir :

Les tribus religieuses et les tribus laïques ; les tribus nobles et les tribus serves.

TRIBUS RELIGIEUSES ET TRIBUS LAÏQUES.

Les tribus religieuses se composent de marabouts.

Cependant il ne faut pas croire que chacun des membres de ces communautés saintes ait obtenu par ses mérites personnels la mission divine dont ce titre les investit. Les tribus de marabouts sont formées en général des diverses branches d'une même famille, dont le chef originel acquit de son vivant une réputation de sainteté, fondée le plus souvent sur des actes de bienfaisance et consacrée par de prétendus miracles. Cette croyance superstitieuse, en se combinant avec le préjugé de la naissance, transmet à toute la postérité du saint personnage le respect dont il était entouré.

C'est cette transmission héréditaire qui a rendu le nombre des marabouts si considérable en Algérie ; et il est juste de dire que beaucoup d'entre eux s'inquiètent peu de justifier le brevet de sainteté qu'ils doivent à la naissance ; aussi l'étendue de leur influence est-elle très-variable.

Cependant toutes les tribus ont une famille de marabouts, dont elles reconnaissent la suzeraineté ecclésiastique. Le signe de cette dépendance est l'acquittement de la zekkat ou impôt religieux, destiné au soulagement des pauvres.

Lorsque les tribus de marabout sont un peu considérables, il existe toujours, sur le territoire qu'elles occupent, un petit édifice surmonté d'une coupole, blanchi à la chaux, entretenu avec soin, c'est le tombeau du saint personnage, ancêtre et fondateur de la tribu. Cette tribu porte le nom du marabout dont il renferme la dépouille, nom qui est toujours précédé de la qualification respectueuse de *Sidi* (monseigneur) ; c'est, pour toutes les populations du ressort ecclésiastique, un lieu de pèlerinage et de dévotions.

Souvent à côté du marabout-mosquée s'élève la zaouïa, autre

établissement qui forme le lien entre la tente et la mosquée. C'est là, que, sous les auspices de la religion, les enfans du voisinage viennent apprendre à lire ; ils ont pour maîtres des Taleb ou hommes lettrés, entretenus aux frais de la mosquée, sur le produit de la zekkat. C'est là que siége le kadi, dont la juridiction en matière civile s'étend à toutes les tribus du ressort ecclésiastique. Souvent aussi la zaouia est habitée par des Uléma ou docteurs, que les kadis eux-mêmes consultent sur les cas difficiles.

Le voyageur qui se présente à la zaouia y trouve la nourriture et le gîte ; le pauvre y reçoit des vêtemens et du pain. C'est encore le budget de la zekkat qui pourvoit à cette double dépense.

La tribu religieuse renferme donc en elle la plupart des établissemens nécessaires à la vie sociale : la paroisse et le clocher, l'école et le tribunal, le bureau de bienfaisance et l'hôtellerie, mais l'hôtellerie gratuite pour le voyageur et le pauvre ; le point central autour duquel ces divers établissemens se groupent est la tombe d'un homme de bien.

Les tribus religieuses se recounaissent facilement à leur nom, presque toujours précédé de ces deux mots : *Oulad-Sidi* (les fils de monseigneur) ; le mot qui suit est le nom du marabout fondateur de la tribu. Dans la province de Constantine, où l'influence politique des marabouts est presque nulle, on emploie, pour les désigner une formule moins obséquieuse ; on dit simplement : *Oulad-Si* (les fils du sieur) ; quelquefois même le nom de la tribu religieuse ne porte aucun signe qui la distingue des autres, mais cette circonstance est assez rare.

Comme les tribus laïques, les tribus religieuses ont leurs colonies. La métropole conserve alors la dépouille mortelle du fondateur.

Mais les colonies elles-mêmes élèvent souvent à sa mémoire un petit monument qui présente la même forme, porte le même nom et reçoit la même destination que la mosquée métropolitaine.

C'est ainsi que nous avons chez nous plusieurs églises placées sous l'invocation du même saint.

Voici quelques exemples de colonies religieuses :

1° Les Oulad-Sidi-Ahmed-Ben-Ioucef, originaires de Miliana, où leur ancêtre est enterré, ont une colonie dans la Kabilie, sur le bord de la mer, une autre au sud-est de Médéa, une troisième chez les Beni-Amer (province d'Oran);

2° Les Oulad-Sidi-Bou-Zid, originaires du Djebel-Amour, au pied duquel leur ancêtre est enterré dans le village qui porte son nom, ont une forte colonie dans le Ziban (province de Constantine), sous le nom de Bouazid, une autre dans le groupe des Beni-Amer (province d'Oran), sous le nom des Oulad-Sidi-Bou-Zid ;

3° Les Oulad-Sidi-Aïça-Cheraga, établis sur le plateau qui porte leur nom, au bord de l'Ouad-el-Djenan, où leur ancêtre est enterré, ont une colonie à l'ouest, les Oulad-Sidi-Aïça-Gharaba, établis dans la plaine de Souagui, au sud de Boghar.

L'origine générale de ces colonies religieuses mérite d'être signalée. Lorsque deux tribus considérables sont depuis longtemps en guerre, il arrive souvent que les voisins, affligés d'une lutte dont ils souffrent eux-mêmes, invoquent, pour y mettre fin, l'assistance des marabouts. La tribu religieuse à laquelle ils s'adressent commet alors quelques-uns de ses membres pour opérer la réconciliation. Les arbitres s'établissent toujours entre les deux tribus ennemies, sur une zône mitoyenne, laissée inculte et devenue vacante par suite de leurs dissentions. Après la réconciliation, il n'est pas rare de voir les médiateurs, cédant aux instances des deux tribus, former un établissement définitif là où ils étaient venus pour une mission passagère, et donner naissance à une nouvelle tribu qui porte leur nom. C'est de cette manière que la plupart des colonies religieuses se sont formées.

La trace de cette origine se retrouve d'ailleurs dans la position qu'elles occupent généralement. Ainsi, parmi les colonies qui viennent d'être citées, les Oulad-Sidi-Ahmed-ben-Ioucef de la Kabilie sont placés entre les Zekhfaoua et les Beni-Ksila, deux tribus qui furent longtemps ennemies; ceux de Médéa, entre les tribus de Ti-tri et celles des Beni-Sliman; ceux des Beni-Amer, entre le groupe des Beni-Amer et le groupe des Ghocel. Enfin, sur tous les points où les traditions locales signalent de longues luttes intestines, on trouve des colonies de marabouts.

Une des particularités les plus remarquables qui se rattachent à ces colonies religieuses est celle des Cherfa ou chérifs. Les tribus de chérifs se rencontrent partout. Il en existe dans les trois pro-vinces de l'Algérie; c'est un chérif qui occupe le trône du Maroc. La tradition populaire les regarde tous comme issus de la famille du prophète; mais elle leur assigne aussi un berceau commun en Afrique, de sorte que toutes ces tribus de chérifs paraissent être autant de colonies sorties d'une même métropole. Le point de dé-part de toutes ces émigrations est une oasis marocaine appelée Saguit-el-Hamra, située au sud de l'Ouad-Noun.

TRIBUS NOBLES ET TRIBUS SERVES.

La noblesse des tribus, quand elle n'est pas religieuse, a tou-jours une origine militaire; dans l'Ouest, on désigne les tribus no-bles par le titre générique de Djouad; dans l'est, par celui de Douaouda.

On trouve peu d'exemples de noblesse militaire dans l'Ouest, où c'est l'aristocratie religieuse qui domine.

Presque toutes les tribus de Djouad, comme celles de Douaouda, ont à leur service d'autres tribus, qui dépendent entièrement d'el-les, les suivent partout et subissent ainsi, de génération en géné-ration, l'espèce de servage qui leur a été légué par leurs ancêtres.

On citera comme exemple de cette dépendance féodale :

Dans la province d'Oran, les Oulad-Iagoub—ez-Zerara, tribu no-ble, et les Beni-Helal, tribu serve, qui appartiennent à l'Ouad-Mzab.

Dans la province d'Alger, les Oulad-Chaïb et leurs satellites les Bouaïch et les Mgan; les Oulad-Khélif et leurs satellites les Sahari et les Zenakhra, qui habitent toutes la partie méridionale de Titri.

DIVISION DES TRIBUS EN FRACTIONS OU FERKA.

Quoique formant l'unité fondamentale de la société arabe, la tribu n'est point cependant encore un élément atomique et indivisible. Elle se partage elle-même en fractions appelées *ferka*, et offre souvent dans sa composition les mêmes variétés que les groupes et les provinces.

Toutefois, dans sa constitution normale, la tribu est aussi simple qu'homogène. C'est un établissement qui conserve le nom de son fondateur. Celui-ci, en mourant, laisse une famille. Chacun des enfans lègue son nom aux diverses lignées dont il devient la souche, et ces diverses lignées forment les fractions de la tribu.

Mais souvent la formation de la tribu s'écarte beaucoup de cette régularité patriarcale. Au lieu de puiser en elle-même ses élémens constitutifs et de se développer, en quelque sorte, par intussuception, la tribu se forme par l'agrégation d'élémens étrangers, souvent hétérogènes, et se développe par juxtaposition.

C'est alors que la composition d'une même tribu présente des nuances et des circonstances très-diverses : quelques fractions sédentaires, et d'autres nomades ; quelques-unes religieuses et d'autres laïques, des fractions formées par des colonies venues de points fort éloignés ; enfin, des luttes de fraction à fraction, comme on en voit de tribu à tribu.

Malgré ces différences d'origine, d'habitudes, d'inclinations, les indigènes n'en considèrent pas moins la tribu comme leur unité sociale, ainsi dans l'indication du lieu de naissance, c'est toujours le nom de la tribu, et jamais le nom de la fraction, qu'ils empruntent. La tribu est pour eux ce que la ville est pour nous, chaque fraction représente un quartier.

Les deux modes de composition qui viennent d'être indiqués se trouvent réunis dans un grand nombre de tribus formées à la fois par le développement de l'élément familial et par l'agrégation d'élémens étrangers.

On citera comme exemple la tribu la plus ancienne et la plus considérable de la province d'Oran, celle des Beni-Amer.

Amer, le fondateur de la tribu, avait cinq fils ; c'étaient : 1° Khalfa ; 2° Zeïr ; 3° Abd-Allah ; 4° Mimoun ; 5° Sliman. Ils donnèrent naissance aux cinq premières fractions.

Autour d'eux vinrent successivement se grouper des colonies de marabouts, savoir :

Les Oulad-Sidi-Bou-Zid,

Les Oulad-Sidi-Khaled,

Les Oulad-Sidi-Ali-ben-Ioub,

Les Oulad-Sidi-el-Abdeli,

Les Oulad-Sidi-Ahmed-ben-Ioucef,

Les Oulad-Sidi-Msaoud,

Les Oulad-Sidi-Ghanem ,

Les Oulad-Sidi-Maâchou ,

Les Cherfa de Mebdoueu.

Par l'adjonction de ces élémens étrangers, la postérité d'Amer perdit son unité familiale, mais elle conserva son unité sociale et transmit aux nouveaux venus son nom et sa nationalité. Elle y gagna même une consistance nouvelle, puisque le groupe primitivement isolé de la famille se trouva avoir un point d'appui dans la religion.

L'introduction de l'élément religieux en amena d'autres. Ce furent d'abord les serviteurs des marabouts, pauvres gens qui, de tous les points de l'horizon, vinrent se greffer sur le tronc commun, et former dans la tribu, sous le nom collectif d'Azedj, une fraction à part ; ces nouveaux rameaux s'appellent :

Nemeïcha,

Kouabi,

Kouadi,

Nouadji,

Ouleïda,

Fkercha,

Bréka,

Mamid.

Dans ces noms, rien n'exprime ni l'origine religieuse, ni le lien familial, et cependant tous ces enfans perdus de l'émigration font corps avec les Beni-Amer, vivent de leur sève et portent leur nom.

Sur le tronc familial, chargé déjà d'une double greffe, s'entent encore d'autres rameaux isolés, ce sont :

Les Maïdja,

Les Guetarnia,

Les Haçasna,

Les Doui-Aïça.

Les Mahmidât,

Les Chefa,

Les Guiza.

Tout cela se naturalise par le contact et l'adoption, et chacun des nouveaux venus prend la qualité d'*Amri* (*homme des Beni-Amer*), tout aussi bien que les descendans d'Amer lui-même.

Voici maintenant un exemple de tribu formée par juxtaposition, et en même temps un spécimen de l'état de dispersion dans lequel elles peuvent vivre sans perdre la communauté de nom et l'espèce de nationalité qui s'y attache. Il s'agit d'une tribu saharienne, celle des Eumour; elle appartient au Zab septentrional et renferme six fractions réparties autour des petites villes ou villages de ce district. Voici les noms de ces fractions et les diverses résidences dans lesquelles elles se trouvent disséminées :

1° El-Houamla, originaires des Oulad-si-Hamla, marabouts du Hodna, établis à Fôrala ;

2° Oulad-Msahel, originaires du Bou-Taleb, au sud de Sétif, établis à El-Bordj ;

3° El-Kebabsa, fondateurs de la tribu, établis à Tôlga ;

4° Nouafa, originaires des Akhdar-el-Halfaouia, près de Tobna, établis à Farfar ;

5° Oulad-ba-Khelil, originaires des Oulad-Zeïan, dans l'Aurès, établis à Lichana ;

6° Oulad-Attaf, venus de l'Est devers l'Egypte, établis à Bouchagroun.

C'est surtout dans leurs rapports avec le sol que ces diverses fractions diffèrent entre elles, puisque nées de l'émigration, elles vivent dans la dispersion ; mais la différence entre les fractions d'une même tribu appartient souvent à un autre ordre de faits.

Ainsi, à côté des Eumour, dans le même pays, se trouve une tribu dont la composition présente une assez grande variété unie à beaucoup d'ensemble. C'est la tribu des Hel-ben-Ali ; elle se divise en six fractions, savoir :

1° Oulad-Aïda : ce sont les Douaouda, les nobles ; ils ont le privilége d'être enterrés dans la mosquée de Sidi-Sliman, à Zadcha ;

2° Mouâlid, originaires de Tobna ;

3° Gouâdcha, originaires de l'Est ;

4° Oulad-Kaout, originaires des Oulad-Si-Hamla, marabouts du Hodna ;

5° Smâta, originaires de Sidi-Mbarek-Smâti, à l'Ouest de Sétif ;

6° Klâtma ; c'est la fraction serve.

Cette tribu renferme donc une fraction noble et une fraction serve, des fractions religieuses, des fractions-colonies, sans que ces différences de détail nuisent à l'unité du tout.

La tribu de Hel-Ben-Ali est aussi bien la patrie des nobles Oulad-Aïda que des serfs Klâtma.

Les villes et les villages, surtout dans le Sahara, ont une composition entièrement analogue à celle des tribus. Comme elles, ils se partagent en Ferka ou fractions, aussi nuancées, aussi diverses.

On citera comme exemple, la seule ville saharienne occupée par les Français, Biskra.

Biskra est divisé en cinq fractions ou quartiers, savoir : 1° El-Mcid ; 2° Bab-el-Khôkha (la porte du pêcher) ; 3° Gueddâcha ; 4° Bab-el-Ghalk ; 5° Bab-ed-Derb (la porte du palais).

Voici la composition de ces diverses fractions :

1° El-Mcid ;

Dar-Seksâf, Berbères d'origine Chaouia ;

Dar-Hohou, originaires des Haouamed, dans l'Ouest ;

Dar-Grin, Berbères d'origine Chaouia ;

Dar-Abid (la maison des nègres), originaires des Harazlia, tribu des Ksour ;

Dar-Hadid (la maison du fer), forgerons venus de l'Ouest :

Dar-Ouaman, Berbères d'origine Chaouia ;

Dar-Ghezzali, marabouts, descendans de Sidi-Bou-Zid, enterré au pied du Djebel-Amour.

2° Bab-el-Khôkha ;

El-Khrâchat, originaires de Khenguet-Sidi-Nadji (Ziban) ;

Oulad-Sidi-Barkât, marabouts, originaires de Fôs (Maroc) ;

Djouama, originaires des Haouamed dans l'Ouest ;

Dar-Bel-Mghazi, marabouts, originaires de Bouchagroun, village voisin de Biskra.

3° Gueddâcha, d'origine Kouloughli.

4° Bab-el-Ghalk ;

Cherfa, marabouts, originaires de Saguit-el-Hamra ;

Dar Rmâuna, originaires de l'Ouad-Souf ;

El-Gouadi, originaires du Sud.

5° Bab-ed-Derb, d'origine Koulougli.

Il ne faut pas s'étonner de voir des Koulouglis à Biskra, où l'on sait que les Turcs entretenaient une garnison.

Ces divers exemples du fractionnement des tribus font voir que le principe de leur formation se rattache à d'autres intérêts que ceux de la religion et de la famille, que l'unité sociale en Algérie, ville ou tribu, admet l'agrégation et l'association d'élémens étrangers ou même hétérogènes, sans perdre pour cela sa cohésion, qu'enfin le peuple de ces contrées a d'autres habitudes de sociabilité que les instincts et les habitudes rudimentaires du patriarcat.

DOMAINE DE L'ÉTAT.

En dehors, et comme complément de la division territoriale que l'on vient d'indiquer, existent, soit réunis en un large faisceau, comme dans la province de Constantine, soit dispersés, comme dans les provinces d'Alger et d'Oran, de nombreux domaines appartenant à l'ancien gouvernement, qui les exploitait de diverses manières. Ils portaient le nom général d'*Azel* (terres de dépossession); c'étaient, en général, des biens confisqués.

Quelques-unes de ces propriétés étaient cultivées directement par l'Etat, au moyen de khammas (quinteniers).

D'autres, exploitées par touiza; la touiza était une corvée que chaque charrue devait à l'Etat, et qui faisait partie de la contribution.

D'autres, affectées au pacage des troupeaux de l'Etat, chevaux, jumens, poulains, chameaux, mulets, moutons;

D'autres, réservées pour les émigrations sahariennes;

D'autres, constituées en apanages et affectées à certaines charges ou dignités;

D'autres, louées à des fermiers qui, moyennant une redevance annuelle en argent et en nature, les exploitaient à leurs risques et périls.

Dans la province de Constantine, les Azel occupent un espace presque continu, interrompu seulement par quelques propriétés particulières, dont la contenance s'élève à peine à 10,000 hectares.

Ce sont les habitans de la ville qui, généralement, obtiennent l'adjudication de ces fermages, et ils font cultiver les terres par les habitans de la campagne. Il existe donc un lien étroit entre l'Etat propriétaire, le citadin fermier et le paysan laboureur. C'est par suite de cette connexité d'intérêts que la prise de Constantine détermina la soumission immédiate de toute la partie centrale de la province occupée par les Azel; de même que la solidarité d'intérêts entre les grands vassaux ou cheikhs héréditaires et le gouvernement détermina bientôt après, et maintient aujourd'hui, la soumission entière de cette province.

Dans les provinces d'Alger et d'Oran, le domaine propre de l'Etat se trouve dispersé sur toute l'étendue du territoire par lots de quelques centaines d'hectares. Il s'est accru dans ces derniers temps, et doit s'accroître encore des biens des tribus et des familles émigrées ou rebelles.

Dans la carte (1), dressée par les auteurs de cette notice, on n'a pas indiqué les Azels des provinces d'Alger et d'Oran, parce qu'ils occupent un espace trop limité.

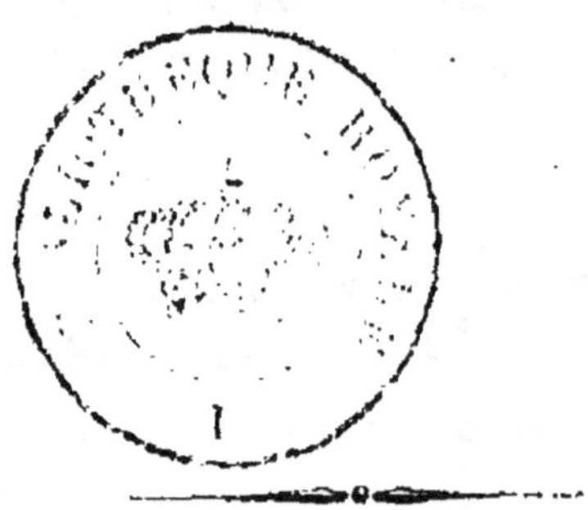

(1) Chez Hachette, libraire, rue Pierre-Sarrazin, 12.